Саша Хаџи Танчић
КАФКИН СИН

Библиотека РАД

Уредник
СИМОН СИМОНОВИЋ

Рецензија
МИРОСЛАВ ЕГЕРИЋ

На корицама: Франц Кафка, цртеж

Саша Хаџи Танчић

КАФКИН СИН

Кратке приче

РАД

ТРЕНУТАК С АНЂЕЛОМ

И СКОЧИХ

И скочих у снег до пазуха.

Није било никаквог разлога да то не учиним. Скок, у свој прекрасној окрутности опасан.

Само су ми попуцали шавови око струка на панталонама. Мајка ће их окрпити.

Забринут, отац је истрчао из куће, с ружичастом траком пасте на четкици за зубе. Угледавши ме подно дугог насипа са старим оголелим липама, редом кућица и чапљиним гнездом на четвороугаоном димњаку, љутито је обрисао мокар и модар нос, понудио ми руку, гануто ме придигао и поправио крагну на мом капутићу.

Нарушена белина испунила га је леденим очајем.

Јесам ли то био пахуља, слетела с крова у снежни нанос?

Мајка нас је, иза завесе, куцкањем у прозорско стакло, упозорила да уђемо. Омекшале пахуљице цедиле су се низ замрзло окно.

Уљудним наклоном поздрави нас сусед, а отац отпоздрави.

Чим уђосмо, мајка махну руком негодујући. У њеном гласу разабрао сам страх и радост. Послужи ме меденим колачем и чајем. Подсети оца да мора у дућан.

Први пут мислио сам на смрт. Бело је њена боја.

ПЉУСАК

Сива светлост раног јутра. Напољу је хладно. Дува ветар, дижући маглене облаке.

Сном је описан круг буђења.

Кад је најзад устао, да се обуче и изађе, угледах под дрветом гомилице опалих трешања, ветром поскидане. Сестра рече:

«Ветар све сређује не може бити боље.»

«О чему говориш?», осмехом запањих сестру.

«А, Боже мој, о ветру, нашим трешњама.»

Ветар? Какве природне силе утичу на његово кретање? Космичке струје? Окретање Земље? То нисам знао, али ме невидљиве силе волшебно узнемирише.

Пратио сам притајен крет ветра, вребајући несхватљиви трен кад се, без видљивог разлога, он покрене. Крошње трешања зашиште и свију се под изненадном ваздушном струјом, за поделак или до земље, па се сместа исправљају или обр-ћу у супротном правцу.

Ветар. Таласе озарава. Земља њиме дише. А и то може: да зажари угарак, а пламен угаси!

Кад удахнем, свет губи значење, а кад издахнем, истргнут је из мене.

Мучно дозрева непогода. Црни олујни облак, сев искидане муње. Олуја, да се проломи. Затутњао гром. Сручи се пљусак.

КИШОБРАН

Титрава завеса монотоне кише, наплављена земља. Облаци до висине врата нагусто се натисли уз чађаве зидове кућерка.

Отац одмерено трага за кишобраном, готове снаге да му посвети живот. Укочањеним прстима пребира тамне ствари, кожетину затрнуле бутине. Осећа се као у кавезу; све мисли да ће прснути као шкрипутаво окно. Па онда одједном, кроз међустављене светлости, осакаћене муве, тако блиске а као у бесконачности, жртвоване задовољству паука расплетених нити. Овај најситнији поступак једног паука разви у њему дубоку радозналост, каогод и одгонетање порекла кише и несталог кишобрана, саображених истраживању порекла света. И због тога је осетио неки нагао и дубок бол. Мислио је о њему и патио. Да је бар могао да се задржи на томе. Али га је жарио све дубље. А под кишобраном бивао је срећан, спокојан, заштићен свом оном нежношћу коју му је пружао, страсно или занесено као драга особа, због наслаге, због сваког новог миловања за које би јој несмотрено показао како му је слатко, због сваке љупкости коју би открио у њој. Али је часак касније кишобран опет само једно старо оруђе, које, затурено, увећава његове муке, пошто одозго, од модрог неба, киша несуздржано мами заглушним добовањем.

ОПСЕНА

Слепи, каже Декарт, виде рукама.

Додиром, слично слепцу, осећам ствари под својим штапом.

Нема света изван постојећег. «Споља» и «изнутра» такође замишљам, не слутећи где живим. Шуме, градови, олује, заравњени обриси, задржавају облик у другом.

«Душом их осећам», објашњавам.

Удвојено је припадање свету «споља» и свету «изнутра».

Тело је наш свет споља, а душа наш свет изнутра.

«Поседујемо их очигледношћу», убеђујем, додајући: «Душом, тело је очигледно. Тело, видљив јој облик.»

Обратно Лајбницовом исказу да је истина у оном што одриче, а лаж у оном што тврди.

СЕНКА

«Ја сам у Београду, у свом кревету, у Паризу моје очи гледају сунце», говорила је позајмљеним речима Робера Делонија.

Нешто се тим речима пробудило и оживело, пошто у кружењу нема прекида.

«Кружење је повратак у месту», рекох. «Зато никад ништа није стечено».

Знала је да су, иако посве различити, заједно – попут стабла које гране раздваја и спаја.

«Место нам је међу изданцима», рече прастарим гласом предака.

Покретно је дрво трагом кретања Земље, Земља око своје осе, а сенка на мрежњачи ока.

Узоритом дрвету наклоњена, посвети се кретању мировањем. Снагом тачности његове сенке.

Сенка дрвета, на сивој земљи, позелене. Зато је изгледало да је дрво сенка, и обратно.

Двојила се потом као звучна и зрачна.

«Сенка», рече, «мог је карактера.»

Згушњавала се, уједначавала и сазревала видљивим обликом своје појавности.

О, КЊИГЕ!

О, књиге, похрањене у руњавим витринама и полицама! Кад год вас прелиставам, кијам због прашине у носницама. Само што ми се у рукама не распаднете у прах, поништене временом.

Знам вас наизуст.

Отац ми вас их је завештао. Поеме, драме, студије, трактате. Не само да сам одрастао, него прирастао уз библиотеку. Она, сам је мој отац.

Док читам, пред мојим очима Темпл Дрејк лажном изјавом оптужује Гудвина, а у цеферсковском затвору Гудвина линчују. Са Егзиперијем годину и по дана управљао сам базом етапне поштанске ваздушне линије Тулуз Дакар. Пре Толстоја био сам Гете, а после Орфеја са Достојевским силазио у чељусти метафизике. Самоизбором, осећам се Сваном, Одетом, Жилбертом.

Књигама, звезданим ројевима, осмишљам свој свет.

Стижем до Лафонтена, па до Шелија и Китса, Валтера фон дер Фогелвајдеа, Хелдерлина и Меримеа, од новијих до Франсиза Жама, Аполинера, Коктоа и Елијара. А од Гетеових *Римских елегија* до *Вергилијеве смрти*. Последњег столећа пре Христа, пророк хришћанства, хтео је да уништи своје духовно и мистички прожето дело. Грозничав, мистичким дозивом Вергилијевог доба, потиснух Дантеа и Жида, Елиота и Валерија, али не и Хермана Броха, творца *Вергилијеве смрти*; не и оца, преводиоца дела.

«И дете је дело», говорио ми је, не могавши да ствара већ само преводи туђа дела.

Био сам му довољан доказ.

Но посестриме књиге посебан су свет којем нисам припадао по рођењу.

Упозорен на чудесне дарове очевога преводилачког духа, сматрао сам их обичним и неважним и према њима био равнодушан. Наслов *Верїилијева смрш* појмих двосмислено; мишљах и на саму смрт књиге. Нити сам је написао, нити превео. А остала је и непрочитана. Осим наслова нисам знао ништа више о њој. Већ то била је њена смрт. Већ и по дубоком смислу за неизвесност, за проток времена, примах их истовремено као трагичне, прекрасне и пролазне. Величајући ужас лепоте, не могах ниједну да објасним, некмоли да напишем. А ни дух очевог преводилаштва не могах да опонашам. Њему превођење беше мера божанског важења његовог људског живота. Без лепоте није могао да замисли ни природу ни уметност.

На размеђу личне и очеве судбине, схватих како ће се то завршити лоше као све у животу: трагично. Гаснула је моја љубав, верност, распламсавши завештајни посед очеве библиотеке нероновским значењем ватре.

ТРЕНУТАК С АНЂЕЛОМ

Волим усамљена места иза језерцета. Спуштен на траву, дремуцкам.

У густој сенци, у обрушеној брвнари (веле, давнашњој црквици), спокојно сам стишан.

Одавно намеравам да је преуредим, зато што је била црквица. Грађу сам прикупио, али посао одгађам.

Сумрак. Сунце зашло узвисјем. Над језерцем надвита сенка.

Наспрам обрушене брвнаре, негдање црквице, треном, указа ми се. У цигло наредног трена, ишчезе.

Само помислих, и рекох:

«Привид.»

РЕКА

Из Филипове собе, сада њене, погледом је досезала до кривудаве реке, испресецане танким бршљановима озеленелих шумарака и бокором разнобојног цвећа.

Стално је шетао њеном обалом.

Зашто, питала се.

Одлази на реку, и враћа се, не нашавши оно чему се у потаји надала. Река је немо протицала у сјају сенки по њеној површи. Чудном снагом будила јој је давно напуштене жеље и успомене.

Филип је у реци ишчезао без трага.

Док са травнате обале гледа у реку, његова сенка неотклоњиво плута. Река, између обала и ње.

Накнадно је схватила његову причу о сновима.

«Усних да ми невидљиви човек изненада рече: 'Донела те је река!' Стајао сам иза стаклених врата немоћан да их отворим. Наскоро сам опет морао да чујем: 'Тебе је донела река!' Ужаснух се при помисли да ћу отворити врата и угледати непознатог. Наједном, она нестадоше. Убрзо потом – ако у сновима уопште постоји време – на сунчаној равници, угледах реку. А на њеној стакленој површи прелепе девојке на сав глас су певале: 'Донела те је река!' Поновиле су и нестале. Узалуд сам их дозивао. Не протумачих загонетне речи. Нека сила тамо ме је понела, слободан видик. Бескрајна, преплавила је просторе овог и оног света. Пробудио сам се као тачка у том бескрају.»

Ненадана светлост прошарала је небо нестварним бо-
јама. Речима није могла да их одреди, али је чула глас његов
однекуд.

«Донела ме је река. И однела.»

Одјекнуше у тамним дубинама њене душе. Одасвуд. Уз-
дрхта, престрашена.

У соби све је недирнуто и загонетно. Тешким погледом
преко читко исписаних редова, рецитовала је Филипову пе-
сму:

> насупрот свему је вода
> положена на проклијали песак
> колико то обале допуштају
> удаљена од неба

Последњег дана живота саставио је у славу реке.

Пријатељи и познаници, у групама, читали су песму као
последњу Филипову поруку:

> све нас је донела
> и односи.

ВРХ

Јединствен предео, равном површи до нових стрмина. Посвуда, врела су пунила вирове радосним хохотом.

Око поднева, одмарали смо наспрам стена на сунцу, привољени да стигнемо до врха. Бог га саклонио, видиком привикнутим на послушан камен.

Скупно лутасмо ка недохватном.

«Наставите!», брујали су камен и траве гласом врха.

Уређено је једном заувек да врху тежимо. Његову достижност не могасмо да предвидимо.

Вапио је изгладнео бездан. Опрез, са мноштвом страхова, штитио нас је од његовог Доњег Света.

Криком огласисмо мрачне галерије пећина. *Подземно*: у првобитним временима, које је Пјеро ди Козимо волео да слика, обитавали су ту неодевени људи, медведи, лавови, свиње са женским главама; јахали, убијали се и прождирали још сирови. У глувим стадима ходника презресмо слободу грешном намером да наставимо пут.

Изнова учисмо ход кретању. Сад овде сад тамо, сад близо сад далеко, најстарија од свих радости – тишина – опкладила се на достижност.

Предани тајанству, стицали смо сигурност, одважност. Сласним биљним обедима сневасмо да нас богиње буде пољупцем.

У домаћинству Природе небо немарно, живот суров. Бледожута змија нам се преко пропланка, гле, приближи у смртној заљубљености и одбеже необављеног посла.

У сталном кушању, врх је мамио новом снагом да га достигнемо. Белорепи орао гнезди се на камену и маше крилима, гостећи се отпацима наше хране.

Врелина дана и погибељ ноћи. Стене порђале од кише. После, изгрева сунце на тмурном небу.

Врх нове снаге и светлости божански нас додирну скривеног разлога.

КОРЊАЧИНА ЉУБАВНА ИГРА С ПУЖЕМ

ИГРЕ

Прихватам те, рече наручје.
Нека те не препознају, рекоше жмурке.
Исти смо и са разликом, споразумеше се бело и црно.
Кад сиђох у висине, далеко дубоко.

ИСТРАГА

Истрагу о нама мисле да обаве тек сутрадан. Одводе нас, стога, тамо где нам је, према њиховом мишљењу, и место. Нисам знао, куда то идемо, и једино се сећам смеха од чу-ђења и збуњености.

Можда баш због тога, од пута нисам много запамтио. И, ако се узме у обзир топло време, и да смо ожеднели, богме и огладнели, све је зависило од тога, колико ће трајати пут.

Нагло пробуђени жандарм ништа нам није говорио. Би-ћемо, ионако, пребачени – с тим, што он није знао, ни када, а ми – ни зашто.

ЖИЧАНА ОГРАДА

Међу жичаним оградама можеш да се осврнеш око себе, да разгледаш или се мало обазреш. Можеш да установиш — ако то дотле ниси запазио — да си спутан, окружен, ускраћен. Можеш открити да боду и озлеђују. Има их на све четири стране, а пете нема.

Можеш се ишчуђавати многом неискоришћеном простору међу правим редовима жичане ограде и запањивати се над ускраћеном слободом. А може ти за око запети сиво-маслинасти стражар са запетим оружјем нациљаним на твоју слепоочницу.

Узалудно покушаваш да разлучиш, да у њему разазнаш неки знак, неки вољни израз због твог присуства иза — могао би помислити да он, у неку руку, брани ипак некакву слободу, до које ти је толико стало; ослобођење, излаз, пролаз, напуштање, шта било, макар и какву пролазну радозналост да ли је то уопште допуштено. Тим је непријатнији или несхватљивији, чак тајанственији, мук бића с оружјем, уколико се овде створио на неки начин.

У четвртастом простору окруженом жичаном оградом, моћи ћеш још да уочиш мањи пањ, а крај наспрамног стражара још једног, с великом, резбареном секиром бритког сјаја која живо брекће, а под њом, уз бок црној и глачаној оштрици, своју погнуту главу.

ЛЕТ ПУШЧАНОГ ЗРНА

Пушчано зрно, током вишедневног прелетања до циља, све заобилази непријатеља, а њему је заправо намењено.

Док ми се приближава, мислим: ето мени неугодности, збрке, нереда, бриге и невоље.

Приђе свима нама редом, са списком, и пита сваког, па и мене: Хоћеш ли моћи да ходаш?

Кажем му:

«Не, не бих могао.»

«Можеш», одговара, и успут уноси моје име у списак као, уосталом, и имена осталих на поприщту. Чак и кувара. А он се само осмехује, показујући обе ноге: само полако, чему та велика журба?

Па, сасвим незадовољан, убрзо – а ја то једва могу да гледам а да ми се кожа не најежи – одмиче трчећим кораком. И тад он препушта ствар пушчаном зрну, јер, најзад, оно све то најбоље зна, и наставља да лети.

СЛОБОДА

Несрећа увек ради, а срећа ужива. Без сумње, ово се не може порећи. Прва увек позива на моментану активност, промену: да буде боље. Друга, изгледа, мирује, јер, најзад, до ње им је једино стало.

Са њима, следи све по устаљеном природном реду, с последицама њима на душу. Несрећу примају као да изненада стиже, док срећа разрешава. Хвата и вреба, у предвиђено време, и даље од њега. Пре свега, изгледа да лакше умемо да се миримо с туђом неголи са својом несрећом. Ту поуку морао је да извуче, ма како да је посматрао, проучавао, заобилазио догађај који га је на то нагнао.

Наравно, обрадован тиме што је слободан, није могао да не помисли да је срећан. Овако нешто, још јуче, не би могао да осети. Већ је априлско вече напољу тамнело, и он се већ – са затвором за леђима – заруменен, усијан, пун разумљивих усхићења, враћао своме дому, када се, низ улицу, стуштио аутомобил, правце на њега, несавесним возачем управљан. Тек тада је нешто у њему попустило и тек тада је помислио, несрећом скољен – на слободу.

ЛОВ

Тишина. Исувише велика.

Ослушкујем. Очекујем. Вребам.

У предвиђено време, ни минут дуже.

Негде око четири поподне, најзад, пушка штуцну, и даде нам на знање, да је пред старешином зец. А за њим, следили су други.

Догађај, с очигледном радошћу. Најодном је пробудио у мени драгу успомену: плишани је узалуд ћулио уши.

ПАС

Ма како да сам посматрао ствар, покретао, проучавао: реп глави не може утећи. Такође сам управо разумео, у споју свих својих искустава, баш тако, и на сваки други начин, у крајњој линији: ни глава репу!

Мада сам морао увидети, да ни предње, нема говора, не могу утећи задњим ногама. А онда, морадох признати: ни задње предњим ногама.

КОРЊАЧИНА ЉУБАВНА ИГРА С ПУЖЕМ

Пужеве–мужеве нисам никако умела да ухватим: бржи су од мене. По видљивој слузи могла сам да измерим траг, да уживам у ислеђењу. Пужева брокатна кућица сва се од влаге сивела. Рогове су увлачили сваки пут кад сам пожелела да их додирнем.

И смем да тврдим, како још никад нисам осећала трку безизгледнијом. После неког времена гледала сам још само то гмизање, тај апетит престижа, ту нескривену срећу од кућевности.

Ипак сам, у великој журби, већ придружила и мој оклоп, да се, најзад, скућимо. Пронашла сам га у заливеној башти; у густишу, а узалуд се обраћао за помоћ. Сместила сам га на покисли лим једног камиона и отпремила га у оближње место блиставо од влаге, њему угодне. Вероватно, при открићу неког наглог мириса, под утиском неизбежних запажања, изложио се новој непријатности, принуђен да издржи водени млаз што га је, из гумене цеви, напао и свуда га следио. Када сам га избавила и од тога, најзад је био слободан, препуштен само мени да по вољи проводимо време. С лаганим стишавањем срца, спознах, међутим, да ме само душа боли и да сам, у најгорем случају, поново изневерена. С места на место преноси кућицу. Најзад, на штрикаћу иглу налик рошчићима угурава се између два цвета, да их убере мени за љубав, како ми је објаснио.

УБОД

Једва могу да живим а да се не најежим. Због моћника свих врста, најгорих који се дају замислити. У свакој прилици набодљан свађом са свима који испитују, заповедају, једнако прете. А само одмахну на мене, или још кажу: «Затворио се у себе!» И тад препусте ствар мени, јер, најзад, најбоље знам, и настављам да мирујем склупчан.

Ненадано бодем у бутину, бедра, прсте. Сваки пут изнова спреман.

«Ах!», чујем уздах жене која је изненада покушала да ме се домогне; испружене руке, рањене мојом бодљом (на тачки тела, где се још дуго видео траг). И муж сместа саглашен, као да се то њему управо догодило. Нешто чудно, неуобичајено, чак непристојно, недоживљено још никад у њиховој соби; нешто што једва може и да се гледа без извесног стида.

МУЖА

Све је сасвим у реду, да не кажем оно уобичајено: мени млеко, а њој слама.

Између два реда уобичајених јасала, одскора, вири глава телета.

Кад год бих ушао да је помузем, ведро на брзину подмећем под виме, сваки пут признавши да сам ту због њеног млека. Непорециво, пошто га делим с телетом, којим га она храни.

На тој осетљивој тачки снабдевања, за столом застртим белим стољњаком, млеко схватам њеним малочашњим даром «из дечјих уста», без икакве сумње. Опслужује нас обоје, и по томе би и моје место заправо било онде, кад бих, којим случајем, на њихово питање, признао истину.

МИШЈА РУПА

Изгледа да је и овде на снази обичај који важи међу људима. Тим веће је било моје изненађење кад је одоздо, после кратког ишчекивања, зашиштало, заклокотало и зацијукало. Не могах ништа да учиним, кад се, после ове покретљиве шуме непријатних звукова, наједном омоташе око мене.

Памтим миша што се закачио за моје раме, па још једног зачуђених очију, са светлом зеницом.

Загледао сам их с дивљењем; и они гледаху мене. Тек тад приметих њихова уста; од неког времена, у ушима ми стално звони њихов цијукав језик.

Желели су да нешто сазнају од мене, али сам ја једино могао да одричем главом: не разумем.

Но, изненађено схватих да мој глас — зашто, ни сам не знам — одговара на питања са: Јесам — то јест, да сам и ја један од оних, сатераних у мишју рупу.

ПОВРЕДА

На степеништу сам се опет повредио. Бар је тако изгледало, јер баш тад се десило да су се ту чудно створила кола хитне помоћи.

Досад сам увек одлазио њима у болницу. А сем тога, све више увиђао сам оно што је лекар говорио сваком приликом, како се нада да сам код сестара провео лепо поподне. Без њих могу и хоћу. Имао сам утисак, да му се тај одговор није свидео.

Неко време, потом, показало се да је расположен да одемо заједно сестрама. Да сам повређен, није ни приметио. Остао сам ту где сам се и затекао, на степеницама, крај врата, немоћан да се покренем. Ноге су ми отказале. Да ме је само питао, одговорио бих му да без њих не могу и нећу.

Поигравали су у свим правцима црвени сунчеви обручи, подстичући моју осетљивост. И сам нисам умео да схватим тежину повреде која се сручила на моје ноге. Па сам се већ уплашио да би хтеле да ме оставе. Ипак то нису учиниле, као ни ја сестре. Дубоко сам само уздахнуо, признавши: «Шта бих ја без вас?»

ПРЕГЛЕД

Лекарски преглед следи после сигнала који, ту и тамо, у телу, постају болни. Нема ништа важније од здравља. Нема ни ненарушеног здравља. Лекар стиже да нас прати с пажњом. Најчешће утврђује: онамо, значи, станује болест.

Сећам се тренутка кад сам први пут за то имао времена – да се питам о узроцима који су ме у тај положај довели. Али, праву слику више нисам могао стећи.

Једва ми успева да, у оном мноштву, разликујем разна обољења. Залуд сва објашњења о лечењу као сврси. Неповредивости нема. Наједном, разумљива она врста поштовања с којом се код лекара уопште говори о болести. Тако још сигурније установљавам где која припада. Уопште, имам осећај да су све опасне. Мишљах, на крају крајева, да сам у најбољој снази, без икаквог *квара*. Но сад, много боље и из дубине, разгледам своје тело. Са сваким прегледом, све ближе сам себи – изнутра. И тек сад схватам, да нисам од камена, већ од коже, крви и меса: да нисам стуб, већ увенула биљка.

Једино ме још изненађује – што сам тако брзо стигао на ред.

БОЛЕСНИК

Видео сам, да би случај могао бити тежак. Обољење бубрега, тако је барем установљено. Једини спас био би да га изваде.

На другом снимку – тумор на дебелом цреву: и ту треба да се реже кад за то буде време.

Однекуд је бљеснула жуч, метални шум урина.

Па је утроба поново отворена и ја се стварно запрепастих, пошто је овај пут зацарио рак.

Нешто сам на болеснику опет прегледао, опипавао. Један орган одавде, други оданде, беху већ издвојени међу осталима. По један, па у паровима.

Сажалих се над њим, јер морадох видети да се беху коначно изгубили заредом.

Ускоро видех, да је на необичан начин испражњен.

Болничар је, после, веома пажљиво, ставио леш на носила и некуд га изнео.

НЕМОГУЋЕ

С обзиром на то да се звезде на небу показују само до раних јутарњих сати, није нужно сваки пропис узети тако строго. Може бити, да је ово нелепо стање било узрок што нисам журио при растанку са звездама. А баш су ме оне пожуривале: биће касно. И њихов пратилац месец био је нестрпљив, али више из навике. Мало су се и споречкале с њим од силне ревности. Јер, после силаска с јутарњег неба, треба још да се кружи.

Испрва сам стварно пратио шта се дешава на небу. Али кад сам, једне вечери, из веће близине, видео звезду како пада – баш на то нисам рачунао. Испоставило се, да је и њу, све ово, веома изненадило, при чему сам од ње научио како се доживљај може учинити трајним у сећању – тако што и немогућем поверимо неку улогу.

КАД ГОД ПОКУШАМ ДА СЕ РАДУЈЕМ

Кад год покушам да се радујем, осетим да ме, у томе, спречавају, у некој мери.

За радост разлог увек могу наћи. И чак се за њу вољно опредељујем. Не желим да се ње, такорећи, одрекнем. А сем тога, сматрам је врло пријатном. Зависно од тога, шта ми она значи.

Не једном, позивао сам, упоређивао прилике за радовање. Или бар могуће изгледе за то. Давањем предности другима, на штету првих, само сам се жалостио.

ПОКРЕТ

Корак уназад – и то је ход. Морао сам тако да закључим, ту поуку да извучем, пошто све посматрам, проучавам, из ортопедских колица. А из њих, добро умотани, вире патрљци мојих ногу.

Пре но што ће ме сместити у кревет, показујем их свакоме, на трен дозвољавам да их виде, са стидним покретом уз помагало, одавно у његовом поседу. И у поседу давног нужног поклона: дрвеног склопа с кратком челичном цеви плавичастог сјаја.

Али, ко би водио рачуна о сваком поједин쿠м крету, сваком кораку?

Зачујем у ходнику журне кораке. Затим, нестају. И тако, све ближе, па све даље. Па најзад тишина – исувише велика, јер узалуд очекујем, ослушкујем, вребам, и никако не успевам – да корачам, назад или напред, свеједно.

НОВАЦ

Рекох му: Немам. И то некако увређено, као да сам му нешто пребацио.

А да сам рекао: Имам? Заинтересовао би се: шта заправо све поседујем? Мој иметак имао би своје место, улогу, чак и корист.

Све, пак, зависи од тога шта сматрамо важнијим: немати или имати?

Много чега се лишавам, гладујем, а био сам тучен и привођен. Но, он само рече: Наравно.

Време ми је да имам, па му то и рекох. На клупи у хладу, чији се наслон био изгубио, спуштен на њу за минут, он опет само рече: Наравно.

Разуме се, под одређеним условима. На то је мало гутао, па је онда упитао, али унеколико већ као против сопствене воље, тако ми се чињаше: «А чиме то објашњаваш?»

А ја, после кратког времена, процених: «Временом».

ШТЕДЊА

Висина помоћи зависи од суме новца. Или обратно.

Руку склопљених на леђима, опет расправљамо о важним питањима.

У пословању, дајемо предност другима, на њихову штету.

Али, у једном се сви слажемо: мора се чекати, и то, свакако, дуго.

Само што њему то иде на нерве. И он би, да се све у број слаже. Ради на ситно. Краткорочно. Брзо. Само сад, у овом тренутку. (Трепавице сјаје и од малецне влаге.)

Штеди на свакој речи. Ма и на гласу који има потребу да изусти.

И ја већ хтедох рећи; ипак оћутах.

У БЕРБЕРНИЦИ

Берберин обави много тога у току дана. Овоме се, у свакој прилици, придружује његов бријач. Па ако још затраже појачање, ту је машиница за подшишивање, маказе, сапуница. Онда, из тога, може да се закључи о стању и квалитету услуга.

Берберин може да ради свој посао брже или спорије, трчећим кораком или у месту. Онда сви могу бити сигурни да се ту дешавају обичне несреће на раду. Свеједно, на саслушању у подруму, на тавану, ко зна где. Да не помињемо дневну и ноћну службу, и још много тога.

Али, сваког поподнева, увек у исти час, оглашавају се пре-резана грла, посечена уха, раскрвављене брадавице.

И он је, у почетку, много лупао главу због тога. А било је једноставно, само је требало времена да из заповести «Отупи оштрицу!» пређе с речи на дела; и да то, све у свему, и није тако велико чудо, ако промисли.

Не, више се ни од муштерија не може пожелети, боље од овога у таквој берберници се не може постићи.

ПРОМЕНА

Шуме одавно зелене. Изникла трава.

На пут сам, иначе, кренуо с лаким пртљагом. Пут тесан, опет предугачак.

За њега сам се вољно определио, такорећи, нисам га се хтео одрећи; бар не лети.

Преваљујем га камионима, запрежним колима, пешице, јавним превозом: зависно од тога шта ми је кад на располагању.

Возикао сам се аутомобилима и путовао правим возом, вагоном, купеом, а ако се за мене не би нашло места — и на крову.

Одлазим и долазим. Заиста сам то увек ја. Али ме све теже препознају. Око мене скупе се жене, старци, различити људи. Покушавају да опишу моју спољашњост, лице, боју косе, карактеристичне црте, а ја настојим да им објасним да мисле на мене, да сам то ја. Некорисно, јер се са путовањем веома мењам. На то се они полако удаље из моје близине, а мене и то наводи да се осмехнем. Значи, да се то није променило.

ЖМУРКЕ

Постоји час кад имате утисак да управо вас траже. Истражују прилику, начин, изговор да вас нађу, из неког разлога, потребе, ради потврде нечега.

Ко зна, можда потврде да за њих уопште постојите.

Уплашено се осврћете није ли на вас управљена нечија пажња – као да им је, одједном, поново пало на памет и добило потврду да управо вас траже. И морате помислити: можда ја овде постојим због њих.

Чак сте, баш на овај начин, стекли стварни увид у овдашње прилике, услове, у друштвени живот, настојећи да се пред њима прикријете; ипак, с уживањем.

Више непријатности, чак искушења, погађа вас већ у случајевима када бисте се спремили да их примите као госте. Разлог овоме јесте неки несрећни склоп околности: како, како не; на крају вас, ипак, морају да примете шћућуреног у углу собе у личној својини, па, пренутог таквом посетом, нагло растућим сусретом; и сместа препознатог, на шта ви кажете, климајући пријатељски главом: «Уја!»

С РАМЕНА

Збачен, с рамена, хрупио је, према судијиној процени, тако, отприлике, једно шест милиметара до циља. Могао их је предвидети, без трепета ока, у противредности пуног поготка. Поготово, ако се зна да је све такмичареве снаге заокупио тежином свог волумена. (Не дај боже, да судија судији оповргава процењено одступање.)

А онда опет, на раме, па доле низ падину, и то, овога пута, право изван означеног терена, у природу. Ту му је место – нешто као лечилиште, превијалиште, после пада. Нема шта, налазио је да је овде све отприлике онако како је он замишљао. Једино што сам није схватао малочашње дарове такмичару – пехар и медаљу за освојено треће место. Свако стручно око иначе би могло сместа установити да награда припада њему, а не такмичару. Ко је летео целом дужином, ко се стрмоглавио, ко је заслужио процену у милиметар до циља – наравно, камен, који је, уосталом, у тој такмичарској вештини, неопходан. А шта је такмичарева дугуљаста рука? Колико сутра – уганута, преломљене кости, површине коже с цветовима шуге и чирева.

ГУБЉЕЊЕ ВРЕМЕНА

Нема ништа горе од осећаја губљења времена. Баш зато, не сећамо се ниједног тренутка посебно; или, у њиховој укупности, само понеког детаља. А онда, и досаде. О последицама по здравље, и да не говоримо. И о све већим бригама како да се пропуштено надокнади.

Баш зато, од пет година које овде проводим, немам више личног посла. Ни обавезе да се приклањам човечности, ни новцем ни неком другом вредном залогом. Не шаљем писма, поруке, нити живо разговарам. Од људи које сам знао, нема ништа. А поседео бих међу *омладином* да се мало «разгалим».

Ништа не чујем (а имао сам потребу да се распитам), нити видим (слеп сам код очију). Све је прошло. Нисам веровао да ће се «тако завршити».

Само време, и даље, пролази. Све у свему, може пролазити и горе, резимирам. Губим га, ионако. Никаквог трага, осим белега на хумки под којом почивам, трачећи га.

ПУТНИК КРОЗ ВРЕМЕ
(Египатска)

И натраг је неко време. Ондашње.

Не морамо да га се одрекнемо. Ипак нам се јавља друк-чије него раније, јер је, у много чему, удаљено од нас.

А као да се ништа није десило. И мене дочекује старо. Ту сам где сам се затекао.

Верујем да разумете да говорим о музеју који је под мо-јом управом. Нема практичну вредност, сем што је опасније чувати експонате него зграду музеја.

Будуће, и не постоји. Убедљивије објашњавам корист од прошлог. Јер, како се каже, време пролази.

То већ дуго траје. Али постајемо, од те помисли уморни. Такође веома умара сама пролазност.

Али, за место у музеју, треба сада да се побринемо. Вели-ка је несташица слободних места. А и пирамиде нису онако сигурне како је то изгледало фараонима. И чини се да су са-грађене, да би једном биле отворене. Не бисмо их смели ли-шити вечности тамо куда још путују. Својим меким телом, умотаним у црне повоје, балсамован, с великом муком угу-рао сам се између фараона и његове мумифициране жене. Да им будем, и на том путу, на услузи.

ПОСАО
(Једна дечја, за одрасле)

Ни таква искуства, у основи, не могу истински да ме поколебају.

Сасвим сам начисто с целим стањем ствари.

Тек сваке Нове године, Деда Мраз, по обичају, стављао је у моју ципелицу поклон. Па, не остављајући времена за поздрав, климајући ми тек узгред главом, већ изађе напоље.

Упитао бих увек мајку, зашто баш мени – а она би одговорила: зато што баш тебе много воли.

Узевши све у обзир, ни данас не бих нашао много разлога за ту љубав према мени.

Али, морадох јој признати, да опет ја њега не познајем.

Она се, пак, живо успротиви да, осим мене, он воли и сву децу широм света.

Упитао бих је, откуда зна толику децу, на шта би она испричала да је он заправо из далеких северних крајева земље, одакле и креће саоницама одједном деци целог света.

Деда Мраз доносио ми је радосну вест да припадам деци света. Томе сам се веома чудио, али на начин како се обично чудим ако неко никад није слушао о Деда Мразу у детињству. Тај би се, на мој рачун, добро насмејао, очигледно, послу којим се ја, о Новој години, редовно бавим, али такви и не привлаче дечју пажњу, срећом.

РАДНО МЕСТО

Свако има посла, важних обавеза. Жури се, јури, трчи некуд. У различитим правцима.

И он мораде сместа поћи до канцеларије. Тачно преко-пута црквеног храма.

Предворје, ходници, већ су пуни људи. Седе, стоје, мувају се тамо–амо, брбљају или ћуте. Грађански дотерани, у белим кошуљама, с краватама. Или у одећи покупљеној из затворских и касарнских магацина. Једнако анализују изгледе. Упоређују прилике. Висину помоћи, казне; последице лошег пословања. Предности једних на сопствену штету. Последице по друге због неправде.

Чекају, и то, свакако, дуго.

Опет је угледао црквени храм кроз чије се раскриљене двери пружао поглед на висеће иконе и фреске, а у дну – на чист олтар. У средини, пламичак у кандилу, трудио се да се одржи, а уз њега крст са кржљавим, упрашеним Христом. Преко пута, једна жена повезане косе журно је излазила с крпом за брисање прашине. С другог краја, до ушију му је допирала богослужбена молитва, а негде је неко очајнички плакао. Мало затресавши главом и склопивши при том очи, одмах је упитао: Је ли Господ на свом радном месту? И тек пошто их је поново отворио, примети да Христове трепавице сада сјаје малецном влагом сузе. Као да му, победоносно, рече: «Видиш!»

СЛЕПИЛО

Тамо негде напред, свашта се види. И то је први разлог да живим невидом. Док је други – она црта у природи мојих очију, која одступа од уобичајене промене. Већ на први поглед може се то установити.

С треће стране, пак, мудрост опомиње да је све ђавоље видљиво.

Светлост пружа живот, говоре. Могу, дакле, да видим лично живот који пружа тама. Осигурава закон гледања, а не виђења. Увиђам да се, на извесној тачки, могу побркати нијансе. Јер светлост и тама из истог су извора. Било то истина или не, али оне владају заједнички. Из задовољства, светлост прибавља, наводно, исту снагу тамом, коју тама тражи од светлости. Међутим, светлост није изговор тами већ стварни услов и општи интерес, ако би из нужде – а никад не пропустим да то поменем – у некој прилици, поступила на сличан начин. Светлост, опет, никад није потпуна, а што даље, она је то све мање.

Гледам, да не видим. Следствено томе, ни себе.

Како рекох, на некој тачки нијансе, све бледи. А исход је, по мом искуству, исти, ма како гледао.

НЕМ

Немом, рибља кост извиривала је испод кошуље. И ја му рекох:

«Не чујем те.»

Баш сам хтео да се удаљим, допливала је риба. Његовим гласом, упитала ме је ко сам и одакле сам?

Рекох јој:

«Ја сам Бог мора.»

На то је она, употребивши за објашњење и његов кажипрст, рекла да је занима и име.

«Посејдон», одговорих јој.

Овим мојим знаком препознавања посве се изненади, чак запрепасти, схвативши кога има пред собом.

Оде некуд, врати се, и ја се, најдном, нађох држећи у руци конзерву с недирнутом парчади руменог рибљег меса. Подигох очи да се захвалим, али сам видео још само поклопац конзерве како се затвара. Али, ни све то није га се тицало изблиза, није га занимало, нити је, изгледа, на њега утицало; наравно, сем стењања, шкрипе зубима, преплитања језика. На моје речи, није одговарао, мање сумњив због руменкасте крљушти која му је већ избијала по телу.

ПРЕПИСКА

Ипак сам му се јавио мало друкчије него раније, смештен у коверти. Од мене су му, досад, стизала писма у тачним размацима; писао сам му да сам, хвала богу, здрав, добро подносим рад, а и живот је непредвидив. Задовољан њиховим садржајем, правилно је поступио што је писма уопште примао, јер би одбијање увредило пошиљаоца: на крају крајева, мислио је добро. Ни ја сам, заиста, не бих веровао да је друкчије. Тим више, настојао је да му се и даље обраћам са «поштовани господине», а доцније, личније, попут «драги пријатељу».

И дочекао ме је на стари начин, у поштанском сандучету. Но, можда је адреса протумачена погрешно. Или је тежина пошиљке неодговарајућа за обично писмо, па сам се већ уплашио да би хтео да ме врати с узвратном назнаком «непознат». Ипак, није то учинио; приметих већ, да су му се и очи овлажиле.

Уосталом, рекао је да ће ме чекати. Кренух «хитно»; пошто је, додуше, нагласио: *експресно* не мора.

А могло је и препоручено.

Од једне до друге адресе, путовало се дуго.

Пожелео сам да се отворим, али сам се предомислио: било би непрописно.

Рече ми, како се нада, да могу да рачунам и на његово одговарајуће приспеће.

НАГОТА

Складиштим одећу. Може да се сазна, да сам послужилац у магацину – остави рубља и одеће. Већ у рану зору осмотрим чиме располажем сходно временским приликама у сва четири годишња доба. А онда, наравно, уз навику да већ из кревета стекнем потпун преглед, да пратим у стопу јутро у одмицању, такорећи призовем пред себе све боје и мирисе, висину ваздушног притиска, кретање сунца и облака, мање и веће догађаје; од раног свануђа до касног повечерја.

Током дана, све чешће, време се нагло мења, па је јасно да се преоблачим. Зато кажем да се, из тога, може закључивати о мом унутрашњем стању. Трчим до складишта одеће. Одаберем тамнију кравату с мањим и већим чвором, на пруге и туфне, па сместа на капију! Без краватe, не излазим, у цркву, ресторан или на пијацу, нигде! Дневна и ноћна улога мајице, и још много тога другога, увек у исти час оглашавају се тајанственом поруком: ja се, знате, увек држим мало хладно.

Схватио сам онда да се и моја душа утишава, или узбуркава, пре но што, са уобичајеним речима «добра ти ноћ», не угасим електрику. Онда удобно смештен у кревету навучем ћебе до ушију и већ ме изненади безбрижан сан: наг, голцатог, као од мајке рођеног.

ПУТОВАЊЕ

Стално је читао књигу, коју је увек носио са собом. На самом крају купеа, крај прозора, прекрстивши ноге и окренувши напола леђа осталима.

Можда је због тога, у ствари, преискусном кориснику железничких купеа била сувишна свака станица до циља, а битно свако слово књиге. Читаочевом поступању доприносиле су последице које путовање може да има по њега, јер, како испадаше, проводио је време на путу, и то у истом послу какав је, читањем, обављао у возу.

Читалац, или путник? Изгледа да је путник сваки пут побеђивао читаоца код којег се време станичних застоја није баш слагало са словом «Возног реда».

САМОУБИЦА

Стварност наступа увек са најуверљивијим, најодлучнијим аргументом.

А ја мишљах: због једне, и од ње више, силе – воза, и тутња точкова преко трачница.

На точковима су вагони, па навучена вагонска врата.

Затим овладавају сигнали, пиштаљке, отправникове петљавине.

Убрзо потом, у вагону, кондуктер који тражи карте, и тако траје пут.

Воз увек креће с колосека локалне станице. Била је то, овога пута, некаква теретна композиција.

Али, и ја сам се, већ од претходног дана, спремао за пут, па је и та намера представљала врсту пртљага. Мој сан тек је требало да се оствари.

Значи, да сам се, са свима њима, и ја одлучио за одлазак.

И тад сам, за трен, погледао уназад и нагоре, тела напрегнутог због вечерњег тутња ...

КУПАЛИШНИ БАЗЕН

А као крајње средство остаје ми купалишни базен, управо у настојању да избегнем несносне врућине – увек и свугде.

Не ни обичан, ни просечан, ни свакидашњи, не ни било какав: онакав, дакле, да не потпада под неку посебну, нарочиту несрећу.

Мој плутајући живот припао је некаквој надзиратељско--спасилачкој организацији званој «Са дна». Они су били присутни и приметили су – али, уз какав повик, какав скок – да сам на дну и да испуштам душу. (Лакши би ми био чак цемента.)

Дављење се, у том случају, прихвата само с радошћу; уз ретке тренутке мировања.

Али сам се спотакао о дно и испустио је. Већ се створише крај мене, већ сам осетио њихов загрљај око струка, а затим, пошто су ме извукли, топлу површ бетона. Затим су ме повукли увис, и осовили на ноге – да више ни једну душу не испустим.

НАОЧИГЛЕД

Узео ме је на око, као што се обично чини с придошлицама.

Па ме и упитао.

Одговорих му једином реченицом.

«Јаје на око.»

«Одмах», рекао је на то он, љубазним, мало промуклим гласом.

Вративши се убрзо, рече: «Пријатно»!

И при том стави на сто пред мој нос сланик и корпицу с хлебом; такву смо, сетих се, имали у кући.

Затим је обишао и остале госте, у оба дела сале, па на сва три спрата ресторана, и свакоме на сто ставио сланик и корпицу с хлебом. Пред неке их је само ставио, крај других би се задржао, неки су чак умели с њим да разговарају; мало би с њима почаврљао, такорећи се препирао. Приметих и то да је некима, нарочито онима с којима се баш није слагао, сасуо све у лице; у очи, заиста.

МАКАЗЕ

На маказама, оба сечива обављају све на исти начин. Према тачној копији, истоветном реду. С истом озбиљношћу испуњавају своју улогу. Иде им на руку да исту радњу резања свакодневно понављају, потврђују, увежбавају. Као да нема ничег природнијег, посведочавају ту непроменљивост.

Прво сечиво сачека док га друго позове, пожурујући га, да му се придружи. Истим зјапом раздвоје се да би једно сечиво заменило друго.

Једним јединим одмахујућим покретом, руке, запослене, испитују, истражују, управо траже прилику, начин, изговор, да зјап испуне. После би се, оба сечива, згледала, покушавајући да запазе, да проникну који их је разлог, који посао чекао на ред. Ипак, с уживањем у хитрости покрета, из залиха одеће, расецају, начетворо, смеђу кошуљу са светлим пругама, природно остарелу, и крпљену; по један дуг потез дуж обеју страна, а наравно, и по грудима и по рукавима; трудећи се да се забаве, да се жално диве њеној ненарушивој белини. Речју, оба сечива деле тада предности, али и ново следовање.

УКОП

Суштину вечне и неотуђиве природе човековог краја чини то да га сахрањује други.

Могли бисмо постићи да у ковчегу мирујемо, док се наше руке служе лопатом или ашовом — штедљиво, с распоредом, увек се ограничавајући на најнужније покрете при копању раке.

Уз исти труд, могли бисмо провући конопац испод ковчега при спуштању у раку за коју ћемо имати много, и превише, времена да је користимо.

Сматрајмо то непоправивим пропустом природе човекове, неумитности да умре, и да га други отправљају на онај свет. Тим пре, што има оних који се, због неких ствари, нервирају за живота, и чак се од њих — макако то изгледало смешно — плаше, тако неких светаца, провере пред њима, јер одређују место души на небу.

ЛОГОРСКА ВАТРА

У част занемарених и згаснутих логорских ватри, једном годишње упитам се: бих ли имао воље да се одважим на нови пут и обновим је негде у шуми, у пољу, подно брда? Живот ваља и тако настављати, кад нам је већ дата могућност да то чинимо. На ватру већ свикнут, ако се не узме у обзир понека мања непријатност: гурнут прст у пламен, гушење од вијугавог трага дима, разгоревање жара уз кашљуцање и љутог бола у очима.

Другде беху расуте меке гране, шибље, стаблова кора, све у свему – за потпалу и разгоревање.

А што се тиче жишка, да све букне, сачувао сам један дарован упаљач, па ми је за почетак увек при руци.

Посебно волим први пламен, из љубави према једном другом детаљу: кресу упаљача, пошто бих у тој прилици јасно разазнавао звук искре из које настаје пламен. Из опет различитог разлога драга ми је топлина коју осетим у прстима, па по лицу. И сваки пут приметим како искра узмакне у фитиљ упаљача и нестаје у његовој дубини.

Под звезданим летњим небом, на меком травњаку, на истом месту које очигледно представља згариште од самих угарака и ту и тамо понеким поцрнелим, огарављеним каменом, покушавам да се радујем са окупљеним женама, старцима, мужевима, децом; различитим људима: неслучајним сродницима, веома измењеним. Одандле засењује ватра, просто пали, трепери од саме светлости, као да је само сунце упрло право у нас, и уз нас у невесело дрво с кржљавом упрашеном крошњом.

ПОЗДРАВ

Данас нисам ишао у риболов. Ако, не жалим, отишао је неко други.

Иначе је недеља, и у тај дан моје поподне припада рибама. И црвићима. (Морам да рачунам на њихово одговарајуће понашање пре и после кише.)

Сам одредим тежину улова. За мене довољну. Под поветарцем који ми се супротставља, под облацима на спуштеном небу и под накривљеним дрветом због хлада: то је чак и више него што ми треба.

Акваријум је у близини, у споредној соби. У воденој полутами, у дну, другачије им је него под ведрим небом. Дневног оброка црвића, најслађег добитка, морале су да се одрекну.

Спаковане као робу одмах сам их понео, вративши у футролу бамбусов штап и пљоснату кутију (и у кутији црвиће). Потом је међу рибама уследила мала расправа: све би, по сваку цену, да загризу моју најбољу *робу*. Једва имадох времена да макнем удицу из воде. Чак су заборавиле да се једна с другом поздраве.

КОПАЧ

Рупе, ровови и бушотине сведоче о посетама из горњег у доњи свет, и обратно.

Кунем се у ашов; други радије у пијук; неки исповедају предност лопате. Неки, опет, гаје више љубави за служење мешалицом. А ко зна каква сумњива симпатија верује у рад рукама.

До појаса у жутом муљу, или у црној нафти, све до увече, до часа повратка кући, с оне висине, као да, потиснут, урањам. Јер, коначно, посао чека, пожурује: зујање, звека, бректање, кркљање; промукло накашљавање из гвозденог грла.

Мислим дизалицама, машинама, копачицама, бушилицама, багерима! Осећам силесијама шина, расхладних торњева, мрежама цеви.

Чујем заморно дахтање земље. И само је питање среће, докле.

БЛАГО

Вожњи теретњаком и двосатном пешачењу предајем се, једноставно, без остатка; по друму оивиченомораницама, по обрађеном пејзажу.

Варош, по историјском чувењу, већ звучи познатије. Има их још из старих времена, вароши знаменитих с гледишта културе. О њиховој гласовитости већ сам учио у школи, разуме се.

Благо скривено у земљи негде је на тој територији – тако говоре: удаљено за ноћ вожње теретњаком, па онда још два сата пешачења. По друму оивиченом ораницама, како сам већ искусио.

Могу рећи, да нема несноснијег, тако мучног замора кроз који, изгледа, морам проћи сваки пут кад забодем ашов у кораву земљу! Трагати за благом, или нечијим сакритим иметком, било би узалудно без упорне наде, што изгледа као нека далека благо набрана срећа.

Опет време скраћујем ударом пијука, тачно према плану, равно пред себе, у земљу. И погледам у рупу, најпре овлаш, а онда, други пут, већ радозналије. Па? – запитам се, при сваком наредном погледу. *Благо мени*, помислим ипак, прилично љут, премда спреман да, новим ударом пијука, дам јасан знак ове љутње.

ПРАШИНА

Велика је запосленост крпе за прашину! Но, она је, ионако, крпа. После тако дугог времена угледамо прашину пред собом. Устукнемо. Зар већ, и опет? Па наједном закључимо, да ће бити најбоље да је покупимо. На шта богме добро затресемо крпом, неким чудним, одбојним, у исти мах, и некако немоћним покретом, главе окренуте мало у страну, док спољну страну шаке подигнемо к уснама и носу, у намери да их затомимо, да се не угушимо. Имамо потребу да нешто изустимо. А само громуљак прашине. Премда, с осмехом правдања – да реч прочишћава.

ПАЛИДРВЦЕ

Сјајем палидрвца, покретом руке, осветлих.

Како се појавио, тако је и ишчезао, а мрак наставио своје. Ипак сам га, на тренутак, прекинуо (као да је запео, заборавио на себе, накратко; сав засјао). Убрзо потом, престао је да се бави сјајем.

Поново је моја рука петљала, гребуцкајући о храпави бок кутије још неко време да се, траженом пукотином, стушти у мрклину. Са сваким наредним палидрвцем сјај би потрајао.

ТАЊИР

Кад год у кухињи потражим нешто за јело, пара у лонцу подиже се лагано, па се спусти, као голуб, на моју руку.

А моја рука?

Богме, она се, у међувремену, раздвоји у две.

Могу њима много тога да захвалим: заправо, све. На белом порцуланском тањиру с украсним рубом доносе ми кришку хлеба намазану машћу, прошарану млевеном паприком и танким колутићима лука, јер то веома волим.

Пре него што ишта успем да унесем у уста, једно за другим стижу предјела и јела, због чега – како, не зна се, одједном губим апетит и, на крају, не окусим ни залогај.

А пара се у кухињи поново диже, па се, и овога пута, спусти на моју руку, као голуб.

За то време, тањири с храном стално пристижу и смењују се, без иједног залогаја. Тишину ремети само шум мојих руку, које износе празне тањире. Тек сада изгледа све неизмењиво коначно. Сваки наредни тањир, у ствари, позива на оброк докле год јести могу.

СРАЗМЕРА

Најзад смо се спријатељили, па сам му, пошто је био радознао да сазна, испричао:

Понајпре, о мом доживљају собе – као да сам негде напољу, и обратно. И да се другима све дешава, баш као и мени. И да сваког ословљавају као и мене. А и остало да се одиграва на исти начин.

То је и природно, сматрао је он.

Био сам истог уверења попут њега; тако би се бар закључило из његове успутне примедбе: «Одсад њима припада оно што је припадало теби; одсад теби припада што је доскора још изгледало да припада њима.»

Од тада, све на свету има за циљ њих и мене, све нас.

Лице ми је забринуто, чак љутито, готово бесно, као у онога на чија плећа сад већ пада терет двоструке бриге, дупле обавезе, њихове и моје. Али ми не преостаје ништа друго него да носим оно што ми је пало у део – ма како да ствар посматрам, окрећем, проучавам. Тако сам то, управо, разумео, јер, ако спојим сва искуства, повежем све ланчане карике, у крајњој линији, у животу је све исто, пошто смо ми сви исти, осим оних који то нису.

ПОВРАТАК

Препознадох нашу кућу. И, ево, пред капијом ме је дочекао некадашњи пас. И, у свом решеткастом лежишту, мирује папагај.

А могао сам да поздравим и окуку степеништа. Стигавши на спрат, да зазвоним на нашим вратима.

Убрзо су се и отворила. Такве собе нисам се сећао.

Станујем овде.

А соба ме уверава, да се варам. Задржаше ме позната врата — на начин који ми је већ био познат. Иста, каква сам их оставио у последњој прилици. Као да је било јуче.

Онаквог какав сам био до одласка, соба ме није препознала по повратку!

Одакле, чиме, када, како? Па је, због ових питања, опет запело. Заправо, све, у суштини, нисам могао да сагледам, да схватим. Као да се читав магловит, наизглед збиља незамислив и у појединостима — како ми изгледа — мени схватљив повратак и није одиграо.

СРЦЕ ЛАКО МЕРЉИВОГ ИСХОДА

Чега све нема у мом срцу! За доброга човека спремно је да скочи у ватру. Има у мом срцу тишине, упоредиве с првотном појавом његовог дамарања! Има пажње и поштовања, разуме се, теже уочљивих према злима и немилима. Има побожности, али не оне која вара поглед, него с погледом у невидљиво.

Свет, иначе, вара наше очи, изгледа. Има достојанства, нимало журећег, нимало брзајућег, већ са изразом издвајања; све журно брзо се изгуби одавде, из мог срца, по препоруци божје казне. Блеска у истуреним прсима. Једном ми је доспело и под руку, док је за друге вадило кестење из ватре.

И стално мења изглед: некад је целцата душа, некад тело. Не знам, како то да објасним: увек је некако лепо, барем у мојим очима.

Опомену ме, да сам се, најзад, заправо ја променио, а не оно. Покушах да се сетим какав сам раније био и да се упоредим, откад је оно, слева, у мојим грудима. При његовом раду, као на некој природописној слици, први и последњи пут схватих, да оно, једном заувек, превари: исход лако мерљив.

СЛУЧАЈ С КЛАСИКОМ

POST FESTUM ВИТЕЗА ТУНОГ ЛИКА

Данас нарочито, најлакше је починити најлуђе подвиге.

Стварност је обезвредила идеале, али и идеали стварност. Још од *златног доба*, кад се није знало «за моје и твоје». Отада рачунам, у ствари, тачнијим сазнање да су џинови ветрењаче, а Мамбринов шлем прост берберски тањир.

Тамо прекопута, управо горе, тамо су сапутници волшебници – крчмари, мазгари, трговци, разбојници, као и сва ситнеж и с њом садашњи или будући, бездушни великаши. Зато, ипак, за степен више, стоје личности племенитог соја, Доротеја, Дулчинеја, Неопрезни радозналац, пастирица Марчела, сасвим начисто с целим стањем ствари.

Начисто, јер су сви они, са бесмртних страница, сишли у купатило, извештени о околностима купања. И бербери су комад сапуна добили у руке. Затим су и они доспели у купаоницу, где такође постоје цеви и тушеви; само што на њих пуштају, не воду, него потоп.

Све ово не доспева наједном, већ помало, увек се допуњујући, новим појединостима, настављајући се, да би се та прича сама написала пошто је Сервантес умро, и нико није написао трећу књигу романа, о Санчовом животу после смрти Дон Кихота. Књига са много нових лица, међу којима ће свако препознати своје. Чистија од стварности, у многоме, и реалнија.

ШЕКСПИР ИЛИ РИЧАРД III

«Време је да се говори: мој труд заборављен је», свакодневно понављам, потврђујем, увежбавам, такорећи посведочујем ту непроменљивост – укратко: као да ништа није природније, ништа мање подложно сумњи, него да је мени, као гледаоцу, Шекспир, а њему Ричард III очигледно најпреча брига и задатак, наш једини, жељено очекивани, циљ, заиста.

Доцније сам нешто сазнао о њима. Стицајем околности, обремењена су ми плећа свим злима овога света, па ми је, као и Ричарду III, приписано све оно што нисам учинио. Крунисана Шекспировом драмом, из таме бројних измишљотина, истина о краљу зликовцу надмоћне интелигенције и не види се, мада стварни и легендарни краљ немају готово ничег заједничког.

Јесам ли шта урадио, можда какво неваљалство, питам се, и намах одговарам: не, ништа под милим богом.

Шта ми све није приписано! Одмах је све то и пренето осталима који су се бавили мноме, а ови, опет, даље, судијама, жандармима, болничарима, болесницима бољег изгледа. Најзад сам се нашао у положају да ме, са свих страна, загледају, климајући главом, уз јаку вољу да ми кажу, да сам ја Шекспир или Ричард III, пошто ми тај осећај прија, причињава ми извесну радост. Управо траже, истражују прилику, начин, изговор за то осећање, потврду да сам, за писца или за краља, уопште способан – мени бар тако изгледа.

МРАЧНИ ГЕНИЈЕ ГАВРАН

Гавран гракну. На највишем прагу стварног степеништа, лествицама будних снова, слутњи, визија, заумних комбинација, до понора – игре ради, или ужаса ради. Свеједно да ли навише или наниже, у дубински подземни хаос и мрак, или у висинске области највише доброте. Свестан или несвестан, он скопчава или разрешава.

Свуда понор. Зија. Мамљив.

Ја, Гордон Прим, бар трипут сам пролазио кроз све ужасе подземља. Не смиривши своју радозналост, нисам завршио ни своје белешке. Желео сам да их довршим према искуствима која стекох, и која поседујем; то је све чему тежим.

Али ме је, попут морске сирене (одбеглог на палубу па у утробу брода, погружени део лађе) завео гавран вишега склада, са свим стањима, са светлошћу апсолутног мрака. И диван и страшан гавран, из подземља, у највишем понору – на чију се ивицу безбрижно спустио одмора ради, тако да се, као у дубинама Малстрема, тежим делом тела, превесио преко ње, задржав се од пада – имао је да ми каже: Никад више.

ШУМА СИМБОЛА

Најмиришљавији «цвет зла», после Дантеа, као да је неко други. Понављала су му се, зарана, два уобичајена сна: да је папа, и да је комедијаш.

А била му је додељена судбина усамљеника. Но, и његовој првој оригиналној песми «Сагласности», објављеној пет година после његове смрти.

Обревши се у вештачким рајевима, шта све није пробао да ступи у додир са својом умногострученошћу. Али му је то непрекидно ускраћивано, премда је реч о раним искуствима, а живот је, без њих, незамислив. Око сваке његове песме укрштала су се многа питања, али није осећао у појединостима, већ сазнадосмо од њега да је свет шума симбола, дубљих од шума.

И он се налазио баш у близини – уколико ме не вара моје познавање људи – стола за којим га описујем, узимајући у обзир хиљаду околности које обавијају људску вољу и саме имају оправдане узроке. У кругу затворене воље, он је у покрету, жив; он се окреће, и, сваког дана, сваког минута, сваке секунде, мења своју шуму симбола, дубљих но шума.

МРТВЕ ДУШЕ

Пушкин се просто плашио да не умрем пре но што напишем *Мртве душе* ... Предочио ми је слаб састав мог тела, моју болест, што рано може да прекине мој живот.

Ништа нисам предузимао, ништа нисам писао без његовог савета. За све што је код мене добро, захваљујем њему. Он је тражио да се закунем да ћу писати, и ја ниједан ред нисам написао а да ми се он није појавио пред очима. Уступио ми је и властити сиже за поему, који не би никоме другоме уступио.

Његова смрт била је за мене страховит ударац. Оболео сам душом и телом. Никад више није ми се повратило здравље и његова смрт једини је узрок свих болесних појава мога духа, услед којих постављам себи неразрешива питања.

Као да ме је нека натприродна *сила* одгурнула од мог узоритог друга, кога још чујем како ми говори: «Ја сам твој брат». Зато још пишем *Мртве душе* да бих испунио аманет који ми је он оставио.

Мада ме и овде онемогућавају у раду који обављам. И то без икаквог разлога и праве основе, чак и у оквиру важећих прилика.

«Али коме ово користи?», упитао сам Пушкина.

Кажи ми, како је сада и нама дато до знања да не тежимо за изузећем нити да тражимо за себе посебан третман. Али јесмо мртве душе и умемо још понешто.

НЕДОВРШЕНА ПРИЧА О Ф. М. ДОСТОЈЕВСКОМ

«Хвала богу што ме за Грушењку није питао», помислих, излазећи од Достојевског и упућујући се кући госпође Хоклакове. Иначе бих морао да му поново причам о побожним сељанкама, маловерној дами, Лизавети Смрадној, Настасји Филиповној, Дарји Алекесејевној, Лизавети Прокофјевној, Аглаји Ивановној, Наталији Николајевној, Ани Андрејевној, Александри Семјоновној, Прасковји Иљиничној, Татјани Ивановној, Анфиси Петровној, Настасји Јевграфовној, Марији Филиповној, Катарини Николајевној, Катарини Павловној, Настасји Јегоровној, Аљони Ивановној, Софији Семјоновној, Пулхерији Александровној, Лизавети Ивановној, Варвари Петровној Ставрогиној, Марији Тимофејевној ... пошто их је све посестримила Њеточка Њезванова, како сам дознао доцније од виолинисте Б., који је у младости био друг и блиски пријатељ њеног очуха, спахије Јефимова. Могу се и заклети да с тим страсником и расипником нисам разговарао. Ако се већ видело да свака прича остаје недовршена:

«После, извините ме, није ми добро», одговорио сам најзад пролазећи крај њега.

«Онда сутра», рече он и поклони се с неким двосмисленим осмејком.

Или ми се, можда, тако учинило. Све то, као да је некако пролетело пред мојим очима ...

СЛУЧАЈ С КЛАСИКОМ

Спремајући се за сусрет са чеховом, целивао сам његове књиге, као Вања Отопељев све иконе. Како је то он описао, у стомаку ми се све превртало, било ми је хладно око срца, а само срце час ми је лупало, час готово престајало да куца од страха пред неизвесношћу. Шта ћу добити тим сусретом? Подршку, или осуду.

Кући сам се вратио касно после четири, као Вања Отопељев после испита. Дошао сам и, нечујно, легао. И моје мршаво лице било је бледо; око закрвављених очију, модри колутови.

Па шта је било? Како сам прошао? Шта сам добио: подршку, или осуду?

Зашто плачем? Нисам подржан, значи?

Знао сам. То сам и предосећао!

Вања Отопељев није положио испит из грчког језика, због будућег времена од «fero» (зна се већ, акценат се не ставља ако је последњи слог дуг) и стога, пошто је добио батине, дат је у трговину. Неочекивано, увече сам, и без породичног савета, одлучио сам да се посветим писању.

Нема говора, рођени сам писац, не толико због даровитости него више због показане бриге, која, ето, најзад стиже после свих ових првих изненађења – такав је барем мој утисак да већ почињем да изгледам као класик, да не кажем: као А. П. Чехов.

У ТРАГАЊУ ЗА ИШЧЕЗЛИМ ПРУСТОМ

Понекад, вероватно при открићу неког наглог мириса, под утиском неизбежних запажања, Марсел Пруст наставља трагање за несталом Албертином.

А тренутак раније, док је анализирао себе, веровао је да баш то и жели, да се тако растану, и да се никад не састану. У надметању с њом, и време је, сместа, ишчезло. Ваљало га је зауставити, оном добром вољом да се за њим потом, недостижно, трага.

Али, оно је, на сваки начин, у његовим књигама, опет ту. Према томе, и свуда.

Најхитније их прочитати, ако размишљамо о томе како бисмо га себи могли вратити. Осећам, да су ми зато у руци, јер време постоји само у нашој мисли; још се даде преиначавати, ако наставим трагање за ишчезлим Прустом.

КАФКИН СИН

У пролеће 1948, кад сам се родио, писао је Максу Броду музичар Волфганг Шокен, који је тада становао у Јерусалиму, да је Кафка имао сина. Доказано му је то писмом неке даме, која тада више није била жива, а и дете је умрло пре више од двадесет година.

Никада Кафка није знао за то дете, које није доживело ни седам година, и умрло је још пре њега.

И сад мислим, како би благотворно утицало на пишчев развитак да је сазнао да је отац. Чезнуо је, да седи за колевком свог детета. Можда не би умрло да га је узео к себи, можда би пробуђено самопоуздање спасило и његов живот.

Можда би, данас, седео крај мене. У сваком случају, много нам времена не би стајало на располагању. А имали бисмо да пређемо приличан пут. Убрзо потом, појавило би се у нашем настојању питање самог процеса, а тиме, и питање трајања пута. До Замка. Не, и назад.

Иначе, о самом путу, не бих могао много да кажем. Баш као и раније, до Америке, а скорије, у Кажњеничку колонију. И у том преображају ваљало би утрошити живот. Са сваким комадом пута, пређеним са свеједно коликим заморним труцкањем, маневрисањем, застајкивањем — отац Франц и ја.

ПИСАЦ НА ОСАМИ

Стварно, лепо се може живети и радити у тим сарајевским кућама. У овој на осами, пре неколико година, провео сам цело лето. Но, одједном је посивео мој дан, а уместо моје приче, хрупио је с Бонвалпашом, Алипашом, геометром, и Јулком, с Јаковом, другом из детињства ... Надугачко и с продубљеном пажњом, а уједно некако и оклевајући, разгледао је, опипавао, све своје књиге, као да би да се увери у стварни живот у њима, у њихову истинитост. Затим је подигао поглед као да би хтео да стави неку примедбу, али како: и око себе види све саме такве ликове.

Али ту сам се, због нечега, горко покајао. Јер, у кући, скинуо сам с полице, насумице, једну затуренију књигу која је онде, ко зна откад, нечитана, скупљала прашину. Написао ју је мој саговорник из куће на осами, а ја је, онда, нисам ни прочитао до краја, јер нисам баш најбоље умео да следим њену мисао, па и зато што су њени јунаци носили најчешће имена Бонвалпаша, Алипаша. Јулка, Јаков ...

ЧИТАЊЕ У СНУ

Сећам се, да сам у сну читао књигу *Хазарски речник*, мада још није била објављена. Велим, да сам ту књигу прочитао погледом птице, одозго.

Шта је то читање у сну? Да се сан протумачи, треба познавати оног ко сања. Слика света почиње да се одражава у сну као у огледалу, и да се памти ... Али шта се то огледало у мом сну? Павићева необјављена књига, или историја Хазара велике прецизности? Није ли Павићев роман мој остварен сан? Ценећи Милорада Павића као писца, домогао сам се његовог романа убрзо по изласку из штампе, учланивши се у Библиотеку.

На први поглед, донета је необично. Заправо, поклонио сам купљени примерак Библиотеци, а по учлањењу, постао њен први читалац. Књигу сам многима препоручио и никоме нисам говорио како да је чита. Укратко, развијао сам њихове могућности и запажања на извору, ван живота, у књизи. Закони читања, односно снивања, сложили су се са законима писања.

У међувремену, више пута, сањао сам како читам, погледом птице, одозго. Сваком приликом, јављала ми се оптичка варка: искривљени редови, покретна слова, разлиставање паралелних страница. Све је изнова било корак ближе такозваној реалности; ту, где се, кроз векове, напајала мисао Хазара.

О ПИСЦУ

Саша Хаџи Танчић (1948), приповедач, романсијер, песник, књижевни критичар и есејист; антологичар, издавач и уредник часописне периодике.

Приче су му превођене на десетак језика. Заступљен је у више антологија и прегледа савремене српске прозе код нас и у свету. Посебном библиографском јединицом представљен је у Енциклопедији Британика (сажето издање, на српском језику).

За књигу *Звездама повезани* добио је „Андрићеву награду“ (1991). Добитник је и награда "Ослобођење града Ниша", "Лазар Вучковић", "Жак Конфино" и "Рамонда сербика".

Живи у Нишу.

САДРЖАЈ

84

Саша Хаџи Танчић
КАФКИН СИН
∗

Издавачко предузеће
РАД
Београд, Дечанска 12
radbooks@eunet.yu
∗

За издавача
СИМОН СИМОНОВИЋ
∗

Лектор и коректор
МИЛАДИН ЋУЛАФИЋ
∗

Графички уредник
НЕНАД СИМОНОВИЋ
∗

Штампа
Елвод–Принт, Лазаревац

CIP - Каталогизација у публикацији
Народна библиотека Србије, Београд;

821.163.41-36

ХАЏИ ТАНЧИЋ, Саша
КАФКИН СИН : приче / Саша Хаџи Танчић; - Београд : Рад,
2008 (Лазаревац : Елвод-принт). - 88 стр. ; 20 цм. - (Библиотека Рад)

О писцу: стр. 82.

ISBN 978-86-09-00986-0

COBISS. SR - ID 149181708